Gerhard A. Spiller

Kirschblüten im Eichenwald

AF284535

Gerhard A. Spiller wurde 1964 im niedersächsischen Ölsburg geboren. Seit Beendigung seines Studiums der Verwaltungswissenschaft in Konstanz am Bodensee arbeitet er als Beamter in einer niedersächsischen Kommunalverwaltung. Er ist Mitglied der Deutschen Haiku-Gesellschaft, der Gesellschaft für zeitgenössische Lyrik, der Schlaraffia Peine und des Literaturzirkels Peine.

Besuchen sie ihn auf www.gerhard-spiller.de

Gerhard A. Spiller

Kirschblüten im Eichenwald

Haiku im Zeichen der vier Jahreszeiten

© 2020 Gerhard A. Spiller

Herstellung und Verlag: BoD – Books on Demand,
Norderstedt

Printed in Germany

ISBN 978-3-7519-7789-0

Inhaltsverzeichnis

Herbst

Die Dryade weint,

die Eiche wurde gefällt

- es war doch ihr Heim!

***

Wiegende Wipfel,

vom Herbststurm kräftig gepeitscht

beugen sich Tannen.

***

Leer und verlassen

hängen die Vogelhäuser

an kahlen Bäumen.

***

Ein starker Wind weht,

lässt leise Wellen rauschen

an dem kleinen Fluss.

***

Spaziergang im Wald,

abgefallene Blätter

säumen meinen Weg.

***

Ein grünendes Feld

erstreckt sich vor meinem Blick

zur Zeit des Herbstes.

***

Wärmende Strahlen
von der goldenen Sonne
an einem Herbsttag.

***

Die Gänse ziehen,
gehen fort und kehren heim,
ich bin immer hier!

***

Ein Tropfen von Tau
läuft über das kleine Blatt
des grünen Klee.

***

Die Wasserlache
glänzt silbern auf der Wiese
im Schein des Mondes.

***

Starker Nordseewind
verweht trübe Gedanken,
Frohsinn kehrt zurück.

***

Heftig stürmt der Wind,
reißt an der Wolkendecke.
Ein Lichtstrahl blitzt auf.

***

Ein Blatt im Herbstwind,
langsam segelt es dahin.
Bald siegt die Schwerkraft.

***

Es gießt in Strömen,
im Flieder hockt ein Sperling,
sehnt sich nach Sonne.

***

Herrisch fließt der Strom,
rauschende Wellen singen
ihre Loblieder.

***

Der Wassergott ruft,

der sanfte Wellenschlag lockt

- ein Mensch gibt dem nach.

***

Fallendes Herbstlaub,

Segelflieger der Natur,

zu Boden schwebend.

***

Schwebende Blätter,

gemütlich Kreise ziehend,

vom Wind getragen.

***

Totholz vom Birnbaum,

verrottend auf dem Rasen

- Insektenwohnraum.

***

Finster droht der Wald,

lockt zugleich geheimnisvoll.

Verwunschene Welt.

***

Der Mann gähnt herzhaft,

beim Ausführen seines Hundes.

Der Hund drängt vorwärts.

***

Ein Gewitter naht,

der Wind erhebt die Stimme.

Ich werde ganz klein.

***

Der Wind wird stärker,

tief neigen sich Baumkronen.

Vergängliches Sein.

***

Im Licht des Mondes

glänzt ein Apfel hoch im Baum.

Manchmal siegt der Trotz.

***

Windumspieltes Blatt,
leise löst es sich vom Zweig.
Stiller Segelflug.

***

Heftiger Regen,
ein Vogel im Futterhaus,
allein im Garten.

***

Zerzauste Frisur,
der Wind spielt mit ihrem Haar.
Seufzender Friseur.

***

Starker Regenfall,
am Boden Pfützenbildung.
Vergängliches Sein.

***

In einer Pfütze
ein Blatt wie ein Boot schaukelnd.
Leichter Wellengang.

***

Ein toter Igel
auf meiner Fahrbahnseite.
Ich umfahre ihn.

***

Zuckerrohrernte,
von den Feldern tönt Gesang.
Schein oder doch Sein?

***

Saftige Trauben
verheißen Qualitätswein.
Jubelnde Gourmets.

***

Rote Baumblätter,
ein Teppich für Wanderer.
Achtlos zertreten.

***

Es geht starker Wind,
die Kastanien fallen.
Sammelnde Kinder.

***

Ein Tag mit Nebel,
ich sehe die Straße nicht.
Wenn jetzt ein Reh kommt...

***

Im Schein des Herbstes
glänzen die Ackerkrumen.
Der Wind schleift sie ab.

***

Abwurf der Blätter,

Laubbläser in Aktion.

Lärm statt Farbenpracht.

***

Die Sonne versinkt,

die Tage werden kürzer.

Etwas Wind kommt auf.

***

Ein leichtes Frösteln,

ich hole meine Jacke.

Ende des Sommers.

***

Dämmerung im Herbst,

rasch verdunkelt sich der Wald.

Unsichtbarer Weg.

***

Die Tage sind kurz,

die letzten Blüten fallen.

Ein Sturm zieht heran.

***

Gestörte Stille,

Gedröhn eines Laubbläsers.

Die Vögel fliehen.

***

Es prasselt Regen,
Scheibenwischer in Hochform.
Lange Autofahrt.

***

Der Schirm schlägt über,
Regen fällt in mein Gesicht.
Er fühlt sich warm an.

***

Der Wind frischt rasch auf,
ein Mann hält seinen Hut fest.
Eilige Schritte.

***

Der Regen prasselt
unablässig auf den Schirm.
Dem Wind ausgesetzt.

***

Heftig pfeift der Wind,
Regen prasselt auf den Schirm.
Musik der Natur.

***

Schönes Herbstwetter,
doch dann naht ein Gewitter.
Tiefschwarzer Himmel.

***

Es wütet ein Sturm,
schlägt im Wald eine Schneise.
Gefällte Bäume.

***

Die Herbstsonne wärmt,
ein Schmetterling am Fenster.
Neugieriger Blick.

***

Eine Nebelwand,
lautlos kriecht sie auf mich zu.
Die Natur verstummt.

***

Plötzlich regnet es,
Menschen stapfen eilig heim.
Pfützen umkurvend.

***

Draußen herrscht Nebel,
meine Brille beschlägt rasch.
Der Tee ist recht heiß.

***

Der letzte Honig
wird fleißig eingelagert.
Emsige Bienen.

***

Ein starker Windstoß
weht die Tüte in den Baum.
Ast als Fahnenmast.

***

Trotz starken Regens
bemerke ich die Schönheit.
Tritt in die Pfütze.

***

Ein Regenschauer,
Tropfen prasseln auf den Teich.
Wasser zu Wasser.

***

Teppich aus Herbstlaub,

die Natur spürt den Winter.

Emsiges Treiben.

***

Neuer Herbstnebel,

das Moor wirkt recht schauerlich.

Gesunder Respekt.

***

Durch die Nebelwand

sehe ich Geisterarme.

Ein blattloser Baum.

***

Winter

Für die Schneeeule
ist der Norden von Deutschland
wie ein Paradies.

***

Schnee im Sonnenlicht
lässt Felder hell erstrahlen,
rein und unschuldig.

***

Menschen jubeln laut:
Feuerwerk am Himmelszelt.
Die Fledermaus flieht.

***

Die Kälte bleibt aus,

drum leidet der Schlittenhund.

Wandel des Klimas.

***

Eisige Kälte

durchdringt Kleidung und Körper.

Ein heißer Tee lockt.

***

Klirrende Kälte,

die Vögel haben Hunger.

Zank am Futterhaus.

***

Die Schneeflocke tanzt
vor den Augen des Flüchtlings.
Ein fragender Blick.

***

Kälte im Hornung,
Kondensstreifen am Himmel.
Flug in den Süden.

***

Ausbleibender Schnee,
Zeichen des Klimawandels.
Grünes Weihnachtsfest.

***

Keine Schneewolke
verziert uns das Himmelszelt.
Geträumter Schneemann.

***

Wieder Silvester:
Ein Feuerwerk erfreut uns.
Die Tierwelt leidet.

***

Der kleine Husky
hat noch nie Schnee gesehen.
Zu spät geboren.

***

Am Neujahrsmorgen
kommt die Natur zur Ruhe.
Hülsen von Böllern.

***

Keine Schneeflocken,
Regen anstelle von Schnee.
Wandel des Klimas!

***

Nur Regenwolken,
der ganze Himmel ist grau.
Es soll Winter sein.

***

Keine Schneewolken,
nur graue Regenwolken.
Natur aus dem Takt.

***

Statt Schnee fällt Regen,
die Touristen bleiben weg.
Leere Skipiste.

***

Nur wenig Glätte,
doch für einen Sturz reicht sie.
Bruch des Wadenbeins.

***

Stöbern in Fotos,
darauf große Schneemassen.
Die Kinder staunen.

***

Auto unter Schnee,
die Scheiben sind gefroren.
Mühsames Kratzen.

***

Schwebende Flocken,
wie kleine Fallschirmspringer.
Viele schmelzen rasch.

***

Weiße Grasfläche,

während der Nacht erschaffen.

Unberührt und rein.

***

Reflektiertes Licht,

Schnee lässt den Garten leuchten.

Mondschein in der Nacht.

***

Umsonst gefettet

die Kufen meines Schlittens.

Der Schneefall bleibt aus.

***

Lautes Rumoren
abseits des Wanderweges.
Lawinenabgang.

***

Weißer Winterwald,
der Boden ist gefroren.
Die Rehe hungern.

***

Ein weites Schneefeld
bedeckt das sonst grüne Feld.
Tierspuren im Schnee.

***

Die letzte Flocke
segelt langsam vom Himmel.
Gleich kommt die Sonne...

***

Der Wintereinbruch
beschert dem Garten Ruhe.
Hungrige Vögel.

***

Beim Wintereinbruch
ein kurzes Innehalten.
Die Seele macht Rast.

***

Großes Schneetreiben,

ein Wanderer mittendrin.

Mensch kontra Natur.

***

Zwischen Schneeflocken

sind zwei Schemen erkennbar.

Ein küssendes Paar.

***

Weißer Winterwald,

Bäume mit Hauben aus Schnee.

Balsam der Seele.

***

Nun kommt doch noch Frost,
dabei sprießen schon Knospen.
Überlebenskampf.

***

Weit und breit kein Schnee,
ein untypischer Winter.
Wieder tobt ein Sturm.

***

Das Gras leuchtet weiß,
doch leider ist es kein Schnee.
Es ist gefroren.

***

Es gab etwas Schnee,
ein Kind mit Spielzeugbagger.
Es hilft dem Vater.

***

Ringsum Schneeflocken,
heiße Küsse im Auto.
Fenster beschlagen.

***

Er spielt trotz Kälte
in der Fußgängerzone.
Sein Hut ist voll Schnee.

***

Verstummtes Summen,

vom Weiß bedeckte Wiesen.

Wintereinsamkeit.

***

Rasch naht der Winter,

die Straße ist nicht fertig.

Leid der Baufirma.

***

Kälte, doch kein Schnee,

ein Straßenmusikant spielt.

Leise hallen Töne.

***

Tulpen brauchen ihn,
den Winter als Kühlphase.
Garant für Blüten.

***

Im kalten Winter
morgendliches Schneeschippen.
Nur noch Gedanken.

***

Winterdämmerung,
hell erstrahlt der kleine Wald.
Glitzernde Schneepracht.

***

Trotz großer Kälte
findet die Stadtführung statt.
Rote Gesichter.

***

Die Zeit der Stille
lässt Menschen innehalten.
Leise rieselt Schnee.

***

Am Neujahrsmorgen
verkaterte Gesichter.
Neujahrswanderung.

***

Das Gras schimmert weiß,

über Nacht hat es geschneit.

Zum Glück kein Glatteis.

***

Trotz der Winterzeit

gibt es frisches Gemüse.

Die Hausfrau freut es.

***

Ein Jahreswechsel,

ich tausche den Kalender.

Keine Vorsätze.

***

Das Kalenderblatt
zeigt einen verschneiten Wald.
Draußen liegt kein Schnee.

***

Der Christbaum nadelt,
verschwundener Weihnachtsglanz.
Unerfüllter Wunsch.

***

Fahrt ins Skigebiet,
die Piste ist aus Kunstschnee.
Der Tourismus boomt.

***

Ein Eichhörnchen springt,
leise rieselt Schnee vom Baum.
Hungriger Magen.

***

Am frühen Morgen
zugefrorenes Auto.
Trotz Morgensonne.

***

Trotz eisiger Nacht
springt der Wagen morgens an.
Ich kann zur Arbeit.

***

Trotz Schnee und Kälte

warte ich auf meinen Bus.

Er hat Verspätung.

***

Eiszapfen am Dach,

entfernt mit einem Besen.

Der Neue wächst schon.

***

Warmer Februar,

ein paar Mücken tanzen schon.

Verrückte Natur.

***

Frühling

Sanft scheint die Sonne,
erwärmt die grüne Wiese
im neuen Frühjahr.

***

Einer Nymphe gleich
schwebst du durch den dichten Wald
mit sanftem Lächeln…

***

Wolken am Himmel,
träge ziehen sie dahin
wie sanfte Riesen.

***

Der Frühling ist da,
Vögel picken am Boden,
suchen frisches Fleisch.

***

Sanfter Frühlingswind
streift mit sanftem Hauch das Land,
lässt Knospen sprießen.

***

Balzende Vögel,
vergessen ist der Winter
am Frühlingsanfang.

***

Es weht sanfter Wind,
sät Liebe in den Herzen,
lässt Menschen träumen.

***

Viele Tausendschön,
im Takt des Windes wiegend:
Wiese als Tanzsaal.

***

Etwas Wind kommt auf,
die Trübsal verflüchtigt sich,
macht dem Frohsinn Platz.

***

Bunter Blumenflor,

sich sanft im Maiwind wiegend,

laut summen Käfer.

***

Der Frühling zieht ein,

im Schilf singt der Frösche Chor,

bringt ihm ein Ständchen.

***

Es blühn die Wipfel,

der Lenz umkränzt die Veilchen

zu seinen Ehren.

***

Es singt die Lerche,
laut schallt die Frühlingsbotschaft
durch den stillen Wald.

***

Still liegt der Weiher,
darin sieht sich der Hainwald,
rein und makellos.

***

Lockendes Lächeln,
erwachende Lenzträume.
Knospen der Liebe.

***

Der Frühlingswind weht,
Lust liegt in der milden Luft
während du mich küsst.

***

Leises Flussmurmeln
umweht sanft des Wandrers Ohr
am grünen Ufer.

***

Rad fahrende Frau,
den Rock nach unten drückend.
Neugieriger Wind.

***

Frühlingshafte Flur,
der Hufschlag eines Pferdes.
Gefühl von Freiheit.

***

Haíku aus Deutschland,
Kirschblüten im Eichenwald.
Fest für die Sinne.

***

Es grünt die Wiese
über dem alten Bergwerk.
Verwehte Zeiten.

***

Die ersten Knospen

zieren schüchtern den Birnbaum.

Angst vor neuem Frost.

***

Möwen am Himmel,

sie umkreisen die Fähre.

Warten auf Beute.

***

Singende Vögel

im blühenden Apfelbaum.

Gelöste Stimmung.

***

Das Grün der Bäume
fliegt am Zugfenster vorbei.
Schnell wie ein Gepard.

***

Laut klingt er vom Teich,
der Minnesang des Frosches.
Brautwerbung im Mai.

***

Bei sanftem Lenzwind
ein junges Paar Hand in Hand.
Glühende Herzen.

***

Laut erschallt am Teich
der Minnesang der Frösche.
Starke Konkurrenz.

***

Ein grünes Etwas
strebt aus der Erde empor.
Ein Frühlingsbote.

***

Kein Frost mehr in Sicht,
die Blumen erheben sich.
Bunte Farbenpracht.

***

Es scheint die Sonne,
doch plötzlich zieht ein Sturm auf.
Ein Frühlingsschauer.

***

Plötzlich Platzregen,
Ende der Gartenparty.
Gelöschte Würstchen.

***

Der Himmel ist schwarz,
offene Himmelsschleusen.
Nur ein Platzregen.

***

Ein reißender Bach,

gespeist von der Schneeschmelze.

Blumen erblühen.

***

Frühling in der Stadt,

im Park ist das Grün erwacht.

Ein Meer von Blüten.

***

Wanderer in Shorts

bevölkern jetzt die Landschaft

- mit dem Regenschirm.

***

Der Lenz ist zurück,

sofort beginnt das Buhlen.

Im Wald und im Dorf.

***

Das Grün ist ganz frisch,

schon sprießen erste Blüten.

Kleine Farbtupfer.

***

Birnbaum in Blüte,

dicht an dicht die kleine Pracht.

Die Ernte wird gut.

***

Die Brutzeit beginnt,

die Büsche sind nicht gestutzt.

Hektische Vögel.

***

Frühlingsgefühle

erwachen in der Natur.

Beginn des Kreislaufs.

***

Ein Maulwurfshügel,

der Herr des Rasens wettert.

Herrschaft in Gefahr.

***

Die Natur erwacht,

ringsum herrscht nun Farbenpracht.

Ein stilles Wunder.

***

Es herrscht Leinenzwang,

doch der Hund möchte jagen.

Ein fragender Blick.

***

Die ersten Schwalben

hat mein Nachbar gesichtet.

Die Boten des Lenz.

***

Ein leichter Lenzwind
lässt junge Blüten tanzen.
Labsal der Augen.

***

Es wächst frisches Grün
an den kahlen Baumzweigen.
Ein neues Gewand.

***

Verschmähte Körner,
jetzt ist Frischfutter beliebt.
Furchtsame Würmer.

***

Zum Beginn des Lenz

glitzert es manchmal noch weiß.

Zum Glück nur morgens.

***

Ein Maulwurfshügel

erhebt sich auf dem Rasen.

Ein entsetzter Blick.

***

Ein Gänseblümchen

reckt sich vorwitzig empor.

Es freut sich am Lenz.

***

Ein starker Märzwind
lässt Menschen innehalten.
Blumen schließen sich.

***

Zur Tulpenblüte
reisen sie mit dem Auto.
Sie lieben Natur.

***

Blauer Frühlingstag,
Einladung zur Wanderung.
Befreites Atmen.

***

Es gurgelt der Bach,
kein Eis hindert seinen Lauf.
Ringsum Vogelsang.

***

Fröhliche Vögel
begrüßen den warmen Tag.
Badetag im Teich.

***

Es wächst neues Grün,
die Gartenarbeit beginnt.
Neue Pflanzen.

***

In lauer Lenznacht
summen lange Insekten.
Bunte Feldflure.

***

Lieblicher Lenzmond,
er liebt die ganze Flora.
Auch die Wildkräuter.

***

Lauter Lerchensang
begleitet meinen Streifzug.
Ein Willkommenslied.

***

Sommer

Immer im Juni
bilden Bienen Nachschwärme
und neue Völker.

***

Ein heller Sandstrand
glänzt sanft im Licht der Sonne
auf deiner Insel...

***

Der Eulen viele
bevölkern das Erdenrund,
von uns unbemerkt.

***

Tief im dunklen Wald
weht der Wind durch Baumzweige
und um die Eule.

***

Welch herrlicher Duft
entweicht dem Sommerflieder
und schwebt durch die Luft…

***

Lauernde Elster,
den Schlüssel fest im Visier,
Gier in den Augen.

***

Der Strahl der Sonne
schleicht in sein Krankenzimmer,
erhellt sein Gemüt.

***

Welch magischen Blick
wirft die Eule ringsherum
- ihr entgeht niemand!

***

Sonniger Maitag:
Der Bienenschwarm teilt sich auf,
bildet zwei Völker.

***

Die Sonne geht auf,
Lavendelduft erhebt sich
aus dem Blumenbeet.

***

Sanfter Wellenschlag,
zwischen den Enten ein Boot.
Leer treibt es dahin.

***

Sonniger Waldweg,
Begegnung von zwei Menschen,
lockendes Lächeln.

***

Ein grünes Moosbett,
ein abgebrochener Zweig,
sanft darauf ruhend.

***

Warmer Sonnenschein!
Ein alter Mann geht walken,
Läufer beneidend.

***

Ein Freiluftkonzert
erfreut sehr viele Menschen.
Die Natur leidet.

***

Heller Sonnenschein,
Bettwäsche auf der Leine.
Heute kein Sliptanz.

***

Kraftlose Biene,
Rapsfeld bis zum Horizont.
Der Hungertod droht.

***

Hoch in den Bergen
blüht verträumt ein Edelweiß.
Das Himmelszelt lacht.

***

Grüne Bergwiese,

gemütlich grasen Kühe.

Kameras klicken.

***

Als Kind beim Volksfest:

Sanft dreht sich das Karussell.

Laute der Lust.

***

Leichter Regenfall,

eine Maus bleibt ungerührt.

Sie huscht durch das Gras.

***

Kräftiger Schauer,

Pflanzen heben die Köpfe.

Moment der Schönheit.

***

Sengende Hitze:

Der Straßenarbeiter

stellt die Arbeit ein.

***

Schöne Urlaubszeit,

Sonne, Sand und Müßiggang.

Die Kellnerin rennt.

***

Das Freibad füllt sich
dank eines heißen Sommers.
Jauchzende Kinder.

***

Das Gras ist verdorrt,
die Trockenheit dauert an.
Sehnsucht nach Regen.

***

Ein Gewitter naht,
die Blumen tanzen im Wind.
Ein Spinnennetz reißt.

***

Gepflegte Blumen,

mit viel Liebe gegossen.

Prachtvolle Rosen.

***

Vor Reisebeginn

überfällt mich Unruhe.

Etwas vergessen?

***

Rings um den Fuchsbau

leuchtet gelb der Löwenzahn.

Insekten schwirren.

***

Die Tochterzwiebeln
erfreuen den Tulpenfreund.
Ein guter Sommer.

***

Die Sommerhitze
lässt Talsperren austrocknen.
Versorgungsengpass.

***

Mitten im Sommer
Hitzefrei an den Schulen.
Die Schüler jubeln.

***

Die große Hitze
lässt die Rekorde purzeln.
Das Freibad freut sich.

***

Die Hitzewelle
trocknet kleine Bäche aus.
Die Molche leiden.

***

Sommerferien,
sechs Wochen süßes Nichtstun.
Glückliche Schüler.

***

Er beherrscht das Grün
unter seinem Rasenmäher.
Ein kleiner König.

***

Verbrannter Rasen,
Opfer der großen Hitze.
Der Löwenzahn sprießt.

***

Wundersames Grün,
Balsam für meine Seele.
Sommeridylle.

***

Singende Vögel
bevölkern meinen Garten.
Reich gedeckter Tisch.

***

In voller Blüte
liegt der Pflanzstreifen vor mir.
Düfte in der Luft.

***

Blühende Blumen,
ein wärmender Sonnenstrahl.
Mein Seelenfrieden.

***

Lange Ferien,

viele Menschen sind verreist.

Still ruht der Sportplatz.

***

Das Getreidefeld

erstreckt sich bis zum Waldrand.

Trockene Halme.

***

Es trillert ein Spatz,

er begrüßt den neuen Tag.

Freude am Leben.

***

Hitze in der Nacht,

an Schlaf ist kaum zu denken.

Den Igel freut es.

***

Gereifte Kirschen,

Nachbarkinder holen sie.

Gnädiges Lächeln.

***

Sternklarer Himmel

über dem kleinen Garten.

Ein Stück Paradies.

***

Laue Sommernacht,

Vorfreude auf den Urlaub.

Genuss im Garten.

***

Es ist lange hell,

doch nun fällt leichter Regen.

Er fühlt sich warm an.

***

Fröhliche Vögel,

ihre Mägen sind gefüllt.

Jetzt ein Bad im Teich.

***

Ein sonniger Tag,

zwei Vögel streiten heftig.

Flucht in einen Busch.

***

Warmer Vormittag,

die Wäsche trocknet sehr schnell.

Ein Vogelklecks stört.

***

Spaziergang im Wald,

trotz des Schattens rinnt der Schweiß.

Erschöpfte Umkehr.

***

Am sonnigen Strand
feiern Besucher ein Fest.
Abseits ein Pärchen.

***

Streifen am Himmel,
die Karibik als Köder.
Lockruf der Ferne.

***

Ferienflieger,
ich grüße aus dem Garten.
Nippend am Weinglas.

***

Rauschendes Volksfest,
ausgelassenes Treiben.
Sommerferien.

***

Fröhlicher Gesang,
die Leichtigkeit des Sommers.
Beschwingte Natur.

***

Langsam wird es heiß,
schon trocknet der Boden aus.
Harte Erdkruste.

***

Vom gleichen Autor sind erschienen:

Elysische Impressionen, Ausgewählte
Haiku.
ISBN 978-3-7392-6893-4

Sinnliche Holdseligkeit, Liebeslyrik in Form
von Haiku.
ISBN 978-3-7412-7164-9

Ich grüße den Uhu, Fechsungen für die Sip-
pungen der Schlaraffia.
ISBN 978-3-7412-9363-4

Es schnurrt die Samtpfote, Haiku über Kat-
zen und Kater.
ISBN 978-3-7519-0730-9

Impressionen des Seins, Lyrische Daseins-
betrachtungen.
ISBN 978-3-7519-8009-8